PHILOSOPHIE DES PARFUMS

DU MÊME AUTEUR :

Sensations coloniales, plaquette in-16. Paris, 1900 (*Épuisé*).

La femme à l'enfant, roman, 1 vol. in-18. Sansot, Paris, 1904.

Reflets, Réflexions, Paysages, vers, 1 vol. in-18. Messein, Paris, 1904.

Contradictions, 1 vol. in-12-couronne. Sansot, Paris, 1906.

L'Ascète, roman, 1 vol. in-18. Sansot, Paris, 1907.

Tybert-chat, 1 vol. in-8, avec 60 illustrations de P. Magne de la Croix, tirage de luxe (200 exemplaires). Sansot, Paris, 1906.

Essai sur la colonisation, 1 vol. in-18. Mercure de France, Paris, 1907.

En collaboration avec Louis Cario.

La concurrence des colonies à la métropole, 1 vol. in-18. Challamel, Paris, 1906.

En collaboration avec Ch. Laisant.
(Duo Caroli)

Le Manuel du candidat, 1 vol. in-18. Sansot, Paris, 1906.

PETITE COLLECTION "SCRIPTA BREVIA"

CHARLES RÉGISMANSET

Philosophie des Parfums

PARIS
BIBLIOTHÈQUE INTERNATIONALE D'ÉDITION
E. SANSOT & Cie
7, RUE DE L'ÉPERON, 7

MCMVII

Il a été tiré de cet ouvrage huit exemplaires sur Japon, numérotés de 1 à 8, et douze exemplaires sur papier vergé d'Arches, numérotés de 9 à 20.

N° 

À ED. SANSOT-ORLAND

en affectueux hommage.

AVERTISSEMENT

..... *Il y a quelques années déjà, je découvris, au hasard d'une promenade sur le quai de Conti, un délicieux petit in-24, relié en vélin, en magnifique état de conservation, édité à Leyde, par J. Maire, en 1648 et intitulé :* De Amoribus Petri Godefredi Carcasonensis, jure consulti procuratoris regii. *Un mien arrière grand-père ou trisaïeul fut échevin de Carcassonne, jadis. Son nom est gravé sur les vasques des fontaines qui ornent le jardin des Plantes de la ville. Qui sait ? Ce Pierre Gode-*

froy était-il un autre de mes ascendants? Puis, on ne saurait trop s'instruire sur l'amour, voire sur les amours, lors même qu'ils sont décrits dans la langue de Cicéron. J'achetai le petit livre, je le lus mal ou point, et il s'en fut dormir avec d'autres de ce doux et profond sommeil des vieux livres mollement vêtus d'ombre et de poussière amies.

Un jour d'incursion paresseuse parmi ces oubliés, je repris les dialogues amoureux de mon ascendant supposé, et je constatai, non sans quelque étonnement, que l'impression d'ailleurs parfaite de J. Maire était suivie d'un certain nombre de pages manuscrites d'une fine et jolie écriture. Non sans peine, je déchiffrai les premières de ces pages et je constatai qu'elles traitaient des odeurs et de leur rôle dans la nature. Les Parfums ! cette émanation subtile des choses sollicitait depuis quelque temps ma curiosité. La coïncidence était singulière qui me livrait ces pages, inédites sans doute et consacrées à un sujet aussi actuel pour moi. Pour ma satisfaction personnelle, je les traduisis entièrement, et ma foi, non sans un vif intérêt ; car, pour peu scientifiques que fussent les dissertations du scripteur inconnu sur la matière, elles me parurent néanmoins riches de quelque nouveauté.

J'eusse pu, dans les bibliothèques poursuivre maintes recherches à fin de percer l'anonymat de l'auteur. Mais peu m'importait. Catalogues feuilletés, c'est temps perdu. Improviser une notice savante et documentée, à quoi bon ?

L'auteur écrivit sur « les odeurs » d'intéressantes lignes. Son nom ? Peu me chaut, puisque su ou non, ce serait toujours celui d'un inconnu. Paix à sa mémoire ! La date de cette œuvre ? Antérieure à la Révolution de façon certaine et contemporaine du milieu du XVIIIe siècle car marquée de la grande liberté d'esprit propre à cette heureuse époque.

Au reste, qu'on en lise la traduction par moi osée en toute modestie et fidélité.

Je dirai seulement que l'auteur de ces pages y fait preuve de quelque méthode. Étudiant les odeurs, il s'inquiète d'abord du nez, organe qui les « sent ». Il est muet sur le chapitre, qui eût cependant été fort intéressant, de l'histoire et de la fabrication des parfums. Du moins, consacre-t-il d'agréables réflexions à leur philosophie (de finibus odorum, *cap. IV) et c'est pourquoi usant d'une liberté que l'auteur eût peut-être réprouvée, j'ai intitulé ce petit ouvrage* : Philosophie des Parfums.

A ce propos, certaines hypothèses sont développées que ne désavouerait point tel savant moderne, et ce n'est pas le moindre intérêt de ces pages. Ce manuscrit consacre notre ignorance des parfums, le manque total de culture de notre odorat. *C'était vrai au XVIIIe siècle. Ce l'est encore aujourd'hui, tant il est vrai que le progrès n'est qu'une invention des moralistes et des politiciens destinée à endormir et à berner notre éternelle crédulité.*

A part certains termes du vocabulaire grossier de notre langue, nous n'avons pas de mot pour ex-

primer, en propre, la fonction physiologique qui correspond à l'odorat. Nous disons « sentir » et la généralité de cette expression trahit la pauvreté de notre analyse et de notre faculté de dissociation en matière de parfums. C'est regrettable assurément.

Certains, ces derniers temps, ont cru ou affecté de croire que confondre nos sensations et les estomper en d'innombrables correspondances, pour employer le mot de Baudelaire, serait un grand effet de l'art. Nous ne pensons pas ainsi mon inconnu et moi. La dissociation est le seul vrai mode d'appréciation des valeurs. Puisse cette traduction, ainsi qu'en formulait le désir l'auteur du manuscrit pour son texte, pousser les esprits d'élite, comme il en est tant à cette heure (tant même que tout génie est aboli et abimé dans l'océan des talents innombrables !) puisse cette traduction, dis-je, pousser les esprits d'élite et curieux de nouvelles sensations — curiosité qui est l'indice de la soif de mieux et plus pleinement vivre, — à développer la culture de leur odorat.

Mais, c'est assez, je laisse la parole au scripteur à qui le De amoribus *de ce bon Pierre Godefroy de Carcassonne inspira de subtiles réflexions sur les Parfums. Par quelle bizarre association d'idées ? La lecture du texte le montrera peut-être. Lecteur, ta curiosité est piquée. J'ai fait mon devoir d'exégète, en toute honnêteté.*

Paris, Février 1907.

CH. RÉGISMANSET.

Philosophie des Parfums (1).

(1) Dans le texte, simplement *De Odoribus*.

PHILOSOPHIE DES PARFUMS

—

I.

LE NEZ (1).

Le monde et les mille et mille merveilles qui en composent la durable harmonie n'existent que dans notre entendement ou, si tu préfères (2), qu'alors qu'elles sont perçues par nos sens.

Nous proposant de parler des parfums (3), il importe, en premier lieu, que nous nous occupions du nez sans lequel nous ne pourrions

---

(1) I. *De Naso.*

(2) Notre auteur s'adresse vraisemblablement ici au lecteur, à moins que ce ne soit au personnage ignoré à qui son traité était dédié.

(3) Littéralement: ~~des~~ odeurs, *de odoribus.*

soupçonner leur existence, du nez, appendice donné à l'homme par la Nature, non pas, comme l'avance plaisamment Aristophane, pour se moucher, mais pour sentir et discerner les choses avant même qu'il ne les touche.

Doux chantre des *Métamorphoses*, permets-moi de placer ces lignes sous ta noble invocation (1).

Le nez, pour ne parler que de l'homme, affecte des formes diverses suivant les individus. Tel a le nez droit, tel autre incliné en bec d'oiseau (2), tel autre l'a busqué (3), ou écrasé à la façon des Nigritiens qui furent exhibés récemment à la cour du Roi (4).

Beaucoup, dans un visage, ne considèrent que les yeux. Le nez

(1) Plaisanterie douteuse et allusion à Ovide, surnommé *Naso*, sans doute en raison de son gros nez.

(2) *Aquilinus*.

(3) *Tortus*.

(4) Allusion à un fait historique dont nous n'avons pu fixer avec précision la nature ni la date.

présente cependant une grande importance et sa forme concourt certainement à l'expression de la physionomie.

Même, chez les anciens, le nez semble avoir passé pour être le siège, ou mieux, l'indice de l'esprit railleur. Pline, lorsqu'il parle de la satire, emploie les mots *styli nasus* ; et, *nasum habere* dans Martial, signifie savoir railler (1).

Jean Magne, dans ses *Considérations sur la figure humaine*, imprimées à Leyde (2), l'an dernier, prétend qu'un nez bien fait trahit une bonne naissance : *bene nasum, bene natum*. Mais, ce n'est là, peut-être, qu'un rapprochement de mots.

Plaute met dans la bouche d'un de ses personnages ces mots : *bilem in naso concies*, voulant tra-

---

(1) Le vieux mot *nasarde* indique la persistance de ce sens.

(2) Je n'ai trouvé trace de cet ouvrage dans aucun catalogue des éditeurs de Leyde.

duire ainsi la colère qui, en effet, fait le nez se contracter et les narines se dilater.

Que la dimension du nez soit en proportion chez l'homme avec celle de sa virilité, c'est là, par ailleurs, une croyance assez répandue. Maintes femmes, me suis-je laissé dire, auraient égard à la taille du nez de ceux qu'elles ont l'intention d'élire pour amants. Au moins, si elles se trompent ne peuvent-elles s'en prendre qu'à leur propre manque de nez. *Nasus illi nullus est*, comme dit Horace.

On m'a cité le cas d'un Gascon (1) qui, pourvu d'un nez extraordinaire et doué quant aux prouesses amoureuses d'une verdeur jamais lassée (2) cocufia maint mari de la bonne ville de Bordeaux.

Mais, ce sont là gais propos qu'on ne peut guère tenir pour faits de

---

(1) *Burdigalensis.*

(2) Littéralement : *cui semper virga virebat enormis.*

science. Tout, au moins, distraient-ils après boire.

Ce qu'en tout cas, on ne saurait nier, c'est que, chez l'homme comme chez la femme, le désir amoureux s'accompagne toujours d'un vif frémissement des narines, sans doute excitées par l'odeur de volupté (1).

Tout ceci regarde la forme extérieure du nez. Intérieurement, la cavité nasale est formée par trois conduits, vêtant la forme de conques et qu'habille une membrane très sensible.

Le conduit inférieur et, en partie, celui du haut servent au passage de l'air inspiré et expiré. Le bas des narines est garni de poils sur lesquels s'arrêtent les poussières respirées, poussières qui, sans eux, pourraient monter au cerveau. La membrane des conduits est, disons-nous fort sensible. Dès qu'un corps étranger l'irrite, elle se contracte, d'où l'éternuement.

---

(1) *Voluptatis odore.*

Les vieilles femmes ont coutume de prédire longue vie aux personnes qui éternuent fréquemment. Mais, c'est-là, croyons-nous, une superstition comme tant d'autres.

Le conduit supérieur et, en partie, le conduit moyen, constituent, affirme Galien, l'organe qui reçoit les impressions odorantes et il se distingue de la région respiratoire par sa couleur jaunâtre (1). Il faut bien croire cet illustre médecin. Aussi bien, n'ai-je aucun sérieux motif de douter de ses dires.

Quoiqu'il en soit, la sensation de l'odorat résulte de la mise en contact avec la membrane du nez de matières impalpables attirées avec l'air respiré dans la cavité nasale. La sensation ainsi produite est tout à fait spéciale et ne ressemble à aucune autre, et notre esprit impressionné traduit cette sensation en disant qu'il perçoit une odeur (2).

---

(1) *Luteolus.*

(2) *Percipit odorem.* Noter que le langage de notre auteur est tout à fait conforme

J'ai remarqué, pour l'avoir mainte fois expérimenté, que, pour percevoir une odeur, il faut qu'il y ait un courant d'air continu dans le nez, courant que renouvelle incessamment la respiration.

Dès que la respiration s'arrête, le nez cesse de sentir lors même qu'il serait placé sur un flacon de parfum. Lorsque nous respirons fortement, nous sentons mieux les odeurs: aussi, répétons-nous fréquemment cet acte, à l'imitation d'un chien qui cherche une piste, quand nous voulons percevoir une odeur très subtile.

Ceci vient vraisemblablement de ce que des impressions répétées frappent davantage nos sens (1) qu'une impression continue et sta-

---

à la terminologie psychologique moderne. Cf. Bergson, *Les données immédiates de la conscience.*

(1) Cette hypothèse de l'auteur est vérifiée par cette observation acquise à la science moderne que les interruptions d'un courant électrique affectent davantage nos nerfs qu'un courant constant.

gnante. De plus, l'air souvent renouvelé doit mettre une plus grande quantité de la matière odorante en contact avec la membrane intérieure du nez.

Nous savons ce qu'est le nez, *vas odorum* (1). Mais qu'est-ce que l'odeur?

(1) En citation dans le texte.

II

L'odeur (1)

Parler de l'odeur est bien : mais peut-on l'abstraire du nez qui la perçoit? ou mieux qui la *sent?* car, si l'on veut apporter au choix des mots cette attention et ce scrupule nécessaires et propres à éviter bien des malentendus et des non-sens, on doit dire que le nez sent le parfum de cette rose ; mais que le cerveau seul le perçoit.

Le nez, organe de l'odorat, n'est qu'un intermédiaire. Le cerveau seul, *connaît* l'odeur. Aussi bien, pourrait-on tirer de ce fait que l'esprit peut imaginer le parfum de la rose, en l'absence de toute rose, cette conséquence que le monde n'existe que dans notre imagina-

---

(1) *De odore*, cap. II.

tion (1), que, partant, en dehors de l'imaginateur (2) il n'a point d'existence réelle. A ceci, le docteur subtil répondra que l'esprit, pour imaginer le parfum de la rose, devra, d'une expérience *réelle* antérieure, avoir gardé le souvenir de ce parfum : la création ne serait donc que mémoire.

Laissons cela : le luth ne vibre pas sans qu'une main le touche. Les roses du jardin se balancent sur leurs tiges trop frêles pour supporter les lourds pétales. Acceptons leur enivrant parfum pour une réalité.

J'ai, sur ce sùjet, beaucoup réfléchi. Je pense que l'air respiré apporte avec lui dans la cavité nasale des fragments impalpables émanés des choses, et qui provoquent la sensation. Du soleil émane la lumière. Des roses sourd le parfum. Ce sont là mouvements de

(1) C'est l'hypothèse idéaliste.
(2) *Fabricator*.

même essence que seule la perception différencie.

Mais les roses se fanent; meurt avec elles leur parfum, qui se dissoud dans l'éther infini. Ainsi, les milliers de poussières dont se compose le monde et dont notre esprittire tant d'orgueil s'évanouissent à jamais détruites.

Ainsi, le soleil perd chaque jour un peu de sa lumière que nul ne lui restitue (1), semblable à cette boule de musc que m'a montrée un voyageur qui l'avait rapportée d'un temple égyptien : cette petite masse odorante vieille de dix siècles exhale encore aujourd'hui une senteur tenace, prenant en soi, sans paraître s'épuiser, la vertu d'exhaler son parfum. Mais comme un jour les roses se fanent, un jour viendra où la petite boule de musc ayant distribué toute son âme ne sera plus.... Ce jour luira dans quelque mille ans. C'est long, et

(1) *Sine ullà restitutione.*

c'est ce que notre orgueil dénomme éternité (1).

Au reste, de tous les objets qui nous entourent émane une odeur que nous appelons parfum lorsqu'elle séduit notre odorat. Nous ne percevons pas toutes les odeurs : la plus grande partie même nous échappe en raison de l'infirmité humaine. Ce n'est pas que notre nez soit le plus mal doué de nos organes ; au contraire, notre odorat surpasse en sensibilité nos autres sens, les quantités de parfums qu'il est capable de discerner sont parfois extraordinairement minimes. Une imperceptible trace d'essence de roses suffit à ravir nos narines. Telle huile essentielle apportée d'Orient comme le

(1) Notre auteur s'accorde, avec quelque fantaisie mais assez justement en somme, avec les plus récentes données de la science moderne : « La matière supposée jadis indestructible s'évanouit lentement par la dissociation continuelle des atômes qui la composent. » Dr G. Le Bon, *L'évolution de la matière.*

musc (1) ou le gingembre (2) suffit à donner à un tissu une odeur qui persiste pendant des années, lors même qu'il serait exposé à l'air. Telle substance, presque immatérielle à force de ténuité, dont nous éprouvons fortement le parfum passerait inaperçue à notre goût, nos doigts la toucheraient en vain ; en vain, nos yeux la chercheraient quoique placée à la grande lumière du soleil. L'odorat est donc bien le plus subtil de nos sens.

Et encore la finesse de l'odorat est-elle bien moindre chez l'homme que chez la plupart des animaux. Même chez ceux ci, et je reviendrai sur ce point, ce sens a une importance majeure.

Par l'odorat, les chiens de chasse dressés soit à courre soit à l'arrêt savent discerner la piste d'un animal, piste absolument invisible à l'œil, et cela, lors même que l'animal poursuivi use de mille ruses

(1) *Muscum.*
(2) *Zingiber.*

pour dissimuler sa trace. Ce qui fut le cas d'un vieux dix cors d'imposante et magnifique stature qui fut forcé par le Roi à Fontainebleau lors de la visite des princes de Florence, et qui, avant de succomber au carrefour des Putains (1), revint par plus de vingt fois sur ses pistes.

Un chien, même non dressé, reconnait aisément la trace de son maître ou des personnes dont la société lui est coutumière. Je me suis laissé raconter que M. de Cossé qui avait égaré un épagneul à Melun fut rejoint huit jours plus tard à Paris par ce fidèle animal, dont les pattes étaient toutes saignantes. C'est là que l'instinct inférieur l'emporte sur les clartés de l'intelligence : la belle Angélique, malgré son profond amour pour Médor (2) eût été incapable de sem-

(1) Aujourd'hui, Carrefour des Demoiselles. Les mœurs modernes ne tolèrent plus de si franches et pittoresques appellations.

(2) Cf. l'Arioste.

blable prouesse. Aussi bien eût-elle pu accomplir ce parcours par le coche.

Chez certain mien chat l'odorat touchait à la divination. Un domestique méchant que j'avais congédié — je sus la chose plus tard et par des discours de commère, — tenta vainement de l'empoisonner, cachant des substances nocives dans d'appétissantes gourmandises, celles-là mêmes que nos jolies filles sont accoutumées à dénommer *chatteries* (1). Toutes ces tentatives furent vaines, la maligne bestiole éventant tous les pièges par la finesse de son flair supérieur en l'espèce à celui du célèbre roi de Pont.

Mais, chiens et chats, ce sont là animaux domestiques à qui la société de l'homme donne peut-être quelques clartés d'intelligence mais chez qui, par contre, cette société affaiblit les primitifs instincts.

Encore, dût-on être taxé d'esprit

(1) En français dans le texte.

mal tourné, est-il contestable que les pauvres bêtes gagnent quelque chose à notre fréquentation. Pour moi, elles ne peuvent qu'y perdre tant il est vrai que l'homme a toujours tendance à tourner à son exclusif profit les beautés de la création, se demandant jamais, s'il est vraiment, ce dont je doute à part moi, la pierre angulaire du Monde.

Laissons-là ces finesses qui ne mènent à rien qu'à douleurs de tête et disputes vaines.

Les bêtes fauves l'emportent de beaucoup pour la finesse du nez sur les animaux privés qui déjà, cependant, nous sont supérieurs sur ce point. Les sangliers éventent de très loin le chasseur et discernent sa présence à des distances considérables lorsque la direction du vent leur est favorable. A des distances telles, quelle peut être la quantité de substance volatile encore sentie par ces animaux ? On ne le saurait dire, ceci dépassant nos sens et ne pouvant, par suite, être compté à l'aide des chiffres que nous avons inventés à leur mesure et selon leur moyenne utilité et convenance.

Les animaux aquatiques ont-ils la faculté de sentir les odeurs ? Oui, et très vivement même, si j'en crois certains pêcheurs de ma connaissance interrogés par moi à ce sujet — et, je dois les croire, car j'ai noté que pêcheurs sont gens fins et observant volontiers à cause sans doute que cet exercice incline à la méditation et au recueillement.

Je ne sais si les oiseaux sont aussi bien partagés. Les pigeons, m'a-t-on dit, ramiers de préférence, retrouvent à merveille leurs demeures quand bien même on les enlève en des paniers. Ils montent dans l'air, font deux ou trois cercles allant s'élargissant et partent, sans se jamais tromper dans la bonne direction. Est ce là un effet de leur subtil odorat ? Sentent-ils dans l'air comme le chien sur terre. Je laisse aux naturalistes et autres savants docteurs le soin d'éclaircir ce point.

Quoiqu'il en soit, et de ceci on ne saurait discuter, l'odorat de l'homme est inférieur à celui des animaux, inférieur même au point de toucher à une quasi infirmité.

Cette infirmité, pourquoi ? N'est-ce pas, parce que ce sens qui a de tout temps, cependant, préoccupé les délicats, a été négligé par la foule qui le jugeait sans doute moins intéressant ? Il en est ainsi à mon avis. Notre nez sent mal parce que nous ne faisons rien pour qu'il sente mieux. Cheval qui reste trop à l'écurie ne sait plus courir et s'essouffle aux montées. De même... mais, trêve aux comparaisons, vain verbiage. Il est hors de doute que nous pouvons éduquer nos sens. La seule supériorité de l'homme sur les bêtes n'est-elle pas précisément ce pouvoir qui lui a été départi d'agir sur soi. Et Dieu sait s'il en tire orgueil !

Le marin, par l'exercice, l'éducation constante de ses yeux acquiert une acuité de vision extraordinaire. Là où le voyageur ignorant et aveugle voit un ciel pur et sans nuages, lui sait deviner le nuage d'où naîtra, prompte comme l'éclair, la bourrasque.

De même, le peintre habitué à scruter les traits des personnages ou des êtres qu'il veut figurer parvient à une connaissance des détails refusée au simple spectateur. Voici pour les yeux, et, pour cet organe même, mille autres exemples me viennent à l'esprit. Mais de quoi me servirait les multiplier?

Le musicien, par l'entraînement (1) du jeu de divers instruments, n'éprouve aucune difficulté à noter, à première audition, les sons musicaux, à constituer ainsi une mélodie dont il saisit les moindres nuances, toutes choses qui, pour un profane, tiennent du prodige. Ceci pour l'ouïe.

L'artisan, au simple toucher, détermine la qualité et la valeur

---

(1) *Exercitio*.

d'une étoffe, et le sculpteur fait passer de son âme à ses doigts la finesse divine qui crée l'harmonie des contours.

Le gourmet, enfin, — mérite inférieur sans doute, mais appréciable encore, — précise, au goût, la valeur et l'âge d'un vin, la saveur d'un aliment et y discerne à merveille telle épice qui peut passer inaperçue à tel mangeur grossier et pressé que laisse indifférent l'admirable poésie (1) d'un chapon dodu cuit devant un grand feu de fenouils (2) et arrosé d'un vin savoureux.

Ces exemples que, je le répète, je ne saurais multiplier, pour ne pas t'ennuyer, lecteur, mon ami, montrent tous que les sens qui ne

(1) *Mirabile carmen.*

(2) Ce détail culinaire inclinerait à faire penser que notre auteur inconnu serait né dans le midi de la France, où, de nos jours encore, poulets et poulardes sont ainsi traités, au grand profit de leur chair qui s'imprègne du parfum des sarments odorants.

sont, en somme, que l'interprétation par l'esprit des perceptions extérieures selon des catégories données, que les sens, dis-je, peuvent être éduqués par l'usage et la volonté qui y est appliquée.

Ce paysan obtus et ce peintre fameux regardent un même paysage : celui-là *voit* ; celui-ci *sait voir*, et ce n'est point même chose, tant il appert de la connaissance de la vie que les choses ne valent que par l'image que nous nous en faisons, — ce qu'encore on pourrait exprimer ainsi : « pour bien voir, *efforce-toi* de voir ».

Ce que les hommes peuvent obtenir pour l'ouïe, la vue, le toucher et le goût, pourquoi ne l'obtiendraient-ils pas pour l'odorat ?

En un mot, pourquoi ne s'efforceraient-ils pas de sentir ?

Jusqu'ici, cependant, soit indifférence, soit ignorance, nous n'avons jamais tenté, — du moins à ma connaissance, — de perfectionner notre odorat.

Ce sens qui touche de très près

à celui du goût, puisque le fonctionnement de l'un et de l'autre sont, le plus souvent, parallèles, a-t-il été dédaigné parce que considéré comme inférieur? Peut-être. L'homme, en effet, perdu dans le chaos des perceptions innombrables dont est tissée sa vie, se pique, à tort ou à raison, de préférer ce qu'il estime devoir lui être immédiatement le plus utile.

Mais, cette vue est-elle juste? je ne le pense pas, et, de suite, je la qualifierai arbitraire et point naturelle.

Point naturelle et arbitraire, parce qu'il n'est aucune raison sérieuse de préférer tel sens à tel autre. — Voit-on un homme qui se crèverait les yeux sous prétexte de mieux entendre le chant des oiseaux qui, seul, réjouirait son cœur?

Non. Ce serait d'un fou.

Bien plus, l'homme ressemble un peu à un prisme de cristal qui n'a d'éclat qu'à la mesure (1) des

(1) *Modo.*

rayons lumineux qui le traversent. Qu'il ferme ses yeux, ses oreilles, son nez et sa bouche, et il peut être comparé à ce prisme placé dans les ténèbres. Il n'est plus rien.

Au contraire, qu'il tende toute la force de son esprit pour mieux voir, et beaucoup entendre, aussitôt comme le cristal exposé à la lumière du jour, son éclat augmente, toutes les forces confuses qui sont en lui vibrent et s'exaltent : son être s'épanouit et vaut davantage.

Pourquoi, dès lors, dédaignerait-il de *mieux sentir*? Il n'est sensation, pour simple et confuse qu'elle soit, qui n'aît sa valeur.

J'ai connu, jadis, un habitant de Cologne que ses jambes ne pouvaient plus soutenir (1) et qui avait complètement perdu le sens de l'odorat et du goût. Il m'inspirait profonde pitié et faisait effet à tous ceux qui l'entouraient d'un être

---

(1) L'auteur fait, sans doute, allusion ici à un malade affligé d'une dégénérescence nerveuse accusée, ataxie ou P. G. P.

incomplet. Nous tous, hommes bien portants, pourquoi nous obstiner à imiter ce malade ?

Partant, j'estime que nous devons, par tous les moyens en notre pouvoir, tâcher de développer notre odorat. Point n'est besoin de rire et de m'accuser de vouloir muer l'homme en chien de chasse. L'homme sera toujours l'homme et son infirmité naturelle limitera toujours ses prétentions dans ce qu'elles pourraient avoir d'excessif et de surhumain.

On apprend aux enfants à regarder, à entendre, à goûter, à toucher. Il faut leur apprendre, et aussi aux hommes que nous sommes, à sentir.

Et voyez comme le champ qui s'ouvre à nos études est vaste : de tous les objets qui nous entourent, combien en est-il auxquels nous soyons capables d'attribuer une odeur définie ? Nous savons l'odeur de la rose et du jasmin. Mais, savons nous celle de l'orage ou de la pluie ? Or, l'orage et la pluie *doivent* avoir leur parfum. Car il serait audacieux et sot à la fois d'affirmer que ce que nous ne sentons point ne sent rien (1).

Il faut faire trève à notre orgueil. Il faut enfoncer en notre esprit, endormi dans l'horizon des choses habituelles, l'aiguillon de la curiosité, mère de toute science. Savoir le poids, la couleur, le goût et le bruit (2) des corps ne suffit pas. Il faut aussi savoir leur parfum. Ainsi, nous augmenterons un peu notre valeur, et nous approcherons d'un peu plus près l'esprit universel, l'âme des choses.

Je ne me dissimule pas que cette science, — ainsi qu'il pourra en être jugé de suite par notre énumération des parfums ou mieux des

---

(1) Ici, l'auteur, par une contradiction fort pardonnable et inhérente à toute incursion dans le domaine de la connaissance, après avoir affirmé que le monde n'existe qu'en tant qu'*imaginé*, abandonne cette thèse idéaliste et pose le postulat de la réalité du Monde extérieur.

(2) *Fremitum*.

odeurs (1), — ne méritera pas vraiment de longtemps encore cette grave appellation de « science ». On ne devrait, en effet, employer ce mot que lorsque la connaissance est parfaite, — comme c'est le cas pour la mathématique qui raisonne sur des quantités abstraites et nettement définies, — et non, lorsqu'il s'agit, comme en l'espèce, d'une interprétation humaine variable avec les tempéraments (2) et les individus.

Au reste, l'énumération qui va suivre, ne dût-elle avoir d'autre utilité que de nous convaincre de notre ignorance, qu'elle mériterait pour cela même d'être tracée.

Mais, ce n'est point-là seulement le but que j'ai poursuivi en écrivant ces lignes. Il ne me regarde pas de dire comment se fabriquent les parfums, ce qui concerne surtout charlatans et empiriques (3), ni

(1) *Tabula odorum*.
(2) *Ingeniis*.
(3) A l'époque, en effet, où dut écrire

comment ils se fabriquaient dans les siècles passés ce qui impliquerait études et recherches contraires à ma paresse naturelle. Ce que je veux surtout, c'est montrer l'influence des odeurs sur les sens de l'homme et sur sa vie. Si, sur ce point, je puis donner, en toute modestie, quelques lumières, je me tiendrai pour satisfait et n'étant savant ni René le Florentin, que, du moins, je sois bon moraliste.

---

notre auteur, parfumeurs et charlatans, « et autres marchands d'orviétan » constituaient une vaste corporation exploitant la bêtise humaine, domaine inépuisable.

III

Odeurs et parfums (1).

Comment classer les odeurs ?

Au fait, pourquoi me préoccuper de dresser cette classification ? N'est-ce pas une singulière manie de penser que les choses deviennent plus claires lorsque nettement énumérées et classées en catégories distinctes ? C'est devenu la coutume chère à notre esprit, à laquelle il doit sacrifier sous peine de déroger ou de s'apparaître comme manquant à la clarté.

Puis, pour beaucoup, classer les choses les dispense d'approfondir et de les mieux connaître. Les faits constatés sont couchés dans le vaste herbier-mémoire. Ils y sèchent,

---

(2) *Tabula odorum*, cap. III.

perdent couleur et vie, et pour beaucoup, c'est là savoir.

N'importe : bornons-nous à cette connaissance superficielle et constatons, comme nous l'avons déjà fait précédemment, que notre science des odeurs est dans les limbes encore, que, partant, nous n'avons de notre nez à tirer nul orgueil.

Il n'en est pas de même, cependant pour les sensations éprouvées par le moyen des organes des autres sens, sensations qui, elles, sont partagées en catégories bien déterminées. L'arc-en-ciel, pour les couleurs, a servi de guide à l'homme. Le moine d'Arezzo a donné des noms aux différents sons. Rien de tel pour les sensations olfactives si diverses qu'il n'a pas été possible, jusqu'ici, à ma connaissance, du moins, de bien les différencier.

D'une manière générale, le sens commun divise les odeurs en odeurs désagréables : *mauvaises odeurs*, et en odeurs agréables : ce sont les *Parfums*. Suivons ici le sens commun et adoptons sa division pour simpliste qu'elle soit puisque l'infirmité présente de notre odorat ne nous permet point, pour le moment, d'en inventer quelque autre plus parfaite.

Remarquons, toutefois, comme le principe de cette division est arbitraire, et combien est puérile cette définition qui revient à dire : « J'appelle parfum tout ce qui sent bon ou dégage une odeur agréable ». Et dire qu'il en est ainsi de la plupart des définitions humaines qui, comme en la science juridique des obligations, se qualifient *a contrario !*

De plus, ce qui sent bon pour toi peut ne point me paraître tel à moi. Qui de nous deux se trompe ? Toi, certainement. Mais encore? Et ceci, vraiment, ne nous ferait-il pas douter de la réalité essentielle des choses, si nous n'avions pas besoin, pour vivre et agir, de croire à cette réalité ?

Admettons donc que pour la majorité des gens, — et lorsque la majorité veut quelque chose, ce quelque chose doit s'intituler *vérité*, — l'odeur des roses soit un parfum, et nous dirons, élargissant la définition : « J'appelle parfum tout ce qui procure à mon être, par l'intermédiaire de l'odorat, une sensation agréable, belle et bonne. Hormis cela, et pour mon nez, tout est mauvaise odeur ».

Mauvaise odeur, les gaz exhalés par le soufre ou la poix en fusion, mauvaise odeur, les gaz exhalés par la putréfaction des débris de matière organique (1).

Pour les parfums, j'ai dit : « Sensation agréable, belle et bonne ». Ici, je dirai : « Sensation désagréable et malsaine ». C'est à noter, en effet, que le plus grand nombre des substances à odeur désagréable, pour ne pas dire toutes, sont nuisibles à notre santé. Les gaz émanés du soufre, par exemple, constituent un agent de mort rapide. De même, les aliments en putré-

---

Ex materiâ vivente.

faction, repoussés à la fois par notre odorat et notre goût, peuvent occasionner, après leur ingestion, de graves désordres dans notre organisme. C'est ainsi, il y a quelque dix ans, que M. de Sienne faillit mourir pour avoir mangé, — de fort bon appétit cependant, — un perdreau à demi corrompu. Il semble donc que notre nez soit une sentinelle avancée pour empêcher notre appétit, avide et ignorant, d'avaler certaines substances nuisibles et mêmes mortelles. Par l'exemple de mon chat cité plus haut, nous avons vu que, chez les animaux, ce rôle du nez est encore plus caractéristique, et sa besogne de préservation plus efficace.

Donc, mauvaises et bonnes odeurs voilà la grande division. A côté de ces odeurs, bonnes ou mauvaises, il en est, cependant, quantité d'autres dont nous ne pouvons mieux dire que les qualifier *neutres*. Peut-être un jour, les classera-t-on de façon plus serrée et précise. Pour l'heure, disons que les sensations qu'elles produisent sur l'odorat sont spécifiquement différentes et bien déterminées pour chacune des substances dont elles émanent. C'est ainsi que nous savons parfaitement distinguer, à l'odeur seule, nos yeux même étant fermés, un grand nombre d'aliments que nous consommons chaque jour. Cette odeur qui peut nous paraître agréable au cours d'un bon repas, nous apparaîtra désagréable à jeun ou bien lorsque nous serons rassasiés du mets qui l'exhale. Ainsi, rien de ce qui touche l'homme n'est absolu.

Notre indigence de termes précis et nettement définis est extrême lorsqu'il s'agit de classer les odeurs. C'est un fait acquis.

Sans doute, pour masquer cette indigence, car l'homme est orgueilleux, et lors même qu'il ne sait rien, veut paraître savoir (paraître savoir, n'est-ce point là d'ailleurs, toute la sagesse?), pour masquer cette indigence, dis-je, l'homme s'est avisé de distinctions nombreuses dont les écrits des auteurs anciens comme modernes nous fournissent plus d'un témoignage.

On a opposé les odeurs naturelles aux parfums artificiels, les premières toujours supérieures en finesse et en bonté aux seconds, tant il est vrai que la nature est le plus admirable des alchimistes. Du reste, cette distinction n'offre qu'un mince intérêt.

Quant aux poètes, ces exquis prophètes de lumière, divins menteurs dont le chant calme nos angoisses et berce nos tristesses et endort ainsi notre souffrance d'ignorer, que d'adjectifs n'ont-ils pas imaginés pour voiler la pauvreté de notre odorat ?

Dans leurs vers, les parfums sont tour à tour, fugaces ou pénétrants, profonds ou légers, subtils ou rustiques, délicats ou puissants ; ils grisent, ils enivrent ou simplement ils caressent...

Tout cela, diras-tu, lecteur, des

mots, toujours des mots. Mais, qu'importe, après tout? Ces mots ne sont-ils pas la réalité la plus immédiatement sensible ? L'univers est un vaste discours : les mots seuls, le font intelligible : aussi bien, faut-il les bénir et non les mépriser.

Et moi-même, en traçant ces lignes, que, par pressentiment sans doute, je plaçai sous l'invocation du doux chantre des *Tristes*, je fais encore œuvre de poète ; car, après avoir conçu le dessein audacieux d'éclaircir et de préciser la connaissance des odeurs, me voici, confessant mon ignorance et répétant les choses déjà dites ou toujours sues.

Vais-je pour cela m'arrêter ? Non, l'homme, quand il a réfléchi sur un sujet se doit à lui-même et à autrui, de produire le résultat de ses réflexions. D'autres viendront, plus tard, qui penseront mieux et plus profondément. A ceux là échoira la glorieuse palme. En attendant, à nous de démêler le chaos et, avant d'en finir, esquissons la philosophie (1) des parfums.

(1) *Fines.*

IV

Philosophie des Parfums (1).

La philosophie des parfums ! Oh, sans doute, vais-je être taxé de folie ! Hé quoi, cette rose épanouie, cette grappe gracile de jasmin auraient quelques rapports avec la sagesse ? Et puis, pourquoi toujours chercher les fins des choses ? Leur spectacle ne nous suffit-il pas, qu'il faille encore étudier leur but et leurs causes ?

Je ne pense pas ainsi. Si nous devons nous contenter de la constatation lassante et quotidienne des mêmes faits sans cesse répetés, conservés par la mémoire, définis

---

(1) *De finibus odorum*, cap IV.

par l'intelligence et associés par l'habitude, c'en est fait de l'homme voulu divin. Rien ne nous sépare plus des animaux *dits machines* qui cependant, ne diffèrent vraisemblablement de nous que par ce seul fait qu'ils ne se demandent point pourquoi ils sont, d'où ils viennent et où ils vont et qu'ils se contentent d'aller, c'est-à-dire de vivre. — Sages et prudentes bêtes !

Donc, pourquoi les parfums ?

Et Panurge, aussitôt, de répondre : — « Parce que nous avons un nez pour les sentir ! »

Peut-être.

En tout cas, il est inadmissible que dans l'harmonie du Monde, harmonie qui éclate à tout moment (que les hommes s'aiment ou s'entretuent) les parfums ne jouent pas un rôle. Pour bien connaître et définir ce rôle, il serait utile assurément de savoir ce que sont les parfums, non pas tels que nous les sentons, mais tels qu'ils sont, en un mot, de savoir leur essence. Mais cela est-il possible à l'homme, et son être n'est-il pas le seul être dont il puisse vraiment sonder l'essence ? (1)

Laissons cela pour l'heure. Ce que, du moins, nous pouvons connaître, « ce qui dépend de nous » comme disait Epictète, c'est l'action des parfums sur nos sens, et ceci seul importe. Cette action sur l'homme est considérable : pour la résumer brièvement, disons qu'elle concourt à le faire agir, à le faire se perpétuer, aimer et croire, et c'est là ce que j'appelle *les fins* (2).

L'homme s'enorgueillit de son intelligence, de sa supériorité. De ce que son regard peut se lever vers le ciel, il tire cette croyance qu'il est en lui un peu du souffle divin. Le marin hardi, le capitaine triomphant, le philosophe sévère sont pas loin de penser qu'ils sont des demi-dieux. Orgueil, seul et

(1) A noter chez notre auteur cette persistance singulière de la conception idéaliste.

(2) *Fines*.

unique péché de l'homme! Orgueil, source aussi de désir de mieux, de grandeur et de puissance! Dépouille un instant cet orgueil du bien et du mal, mets-toi nu sous le ciel et considère le rôle que te fait jouer la fatalité : la seule utilité de ta vie est de continuer le genre humain. Toutes tes œuvres, et la principale, l'œuvre d'amour, ne concourent qu'à ce but. Durer est la condition d'être. Tu vas, le front haut dans la vie, fier de ton humanité, et ni plus ni moins qu'un chien, tu n'as qu'une fin : enfanter un autre être à ton image et travailler ainsi à bâtir l'éternité. Maçon infime d'une œuvre dont l'immensité t'écrase et te domine, tu ne saurais convenir de l'infimité de ta tâche, et lorsque, mâle obscur dressé pour la continuation de l'homme, tu souris à la femme, tu te donnes à toi-même l'illusion d'élire l'objet aimé et de peser ton amour. Qu'importe! pourvu que le geste nécessaire soit fait! pourvu que la semence soit jetée! Tu peux, à ton gré, forger tous les mensonges : l'œuvre est là plus haute que ton illusion pour belle et sublime qu'elle puisse être.

Or, à cette heure, par un effet surprenant de cette harmonie qui régit les choses et tire Vénus de l'écume des flots et la lumière du chaos, intervient la magie des parfums.

Brute qui obéit en esclave à la poussée du rut, ou homme délicat qui s'agenouille et accorde sa mandore avant de prendre la femme désirée, l'effet et la cause sont mêmes. A tous deux, l'odeur de la femme fit monter au cerveau la vague impérieuse du désir.

Jadis, en Amiens, j'ai connu un Picard, de poil roux et dru, qui se promenait par les rues de la ville, tel un limier en quête. Une femme venait-elle à passer, brune ou blonde, laissant après soi un relent d'aisselles chaudes, notre homme se sentait aussitôt possédé et eût quitté la plus sérieuse affaire pour suivre le gibier débuché. Il ne donnait pas de la voix. Mais, peu s'en fallait, et quelque décence et aussi, je pense, la crainte de la maréchaussée empêchaient seules qu'il ne témoignât en public même de son ardeur. Il m'a confié un jour que la commotion éprouvée par ses sens à la suite de cette impression, fugitive pourtant, de l'odorat, était si forte que l'orgasme vénérien en résultait, à son grand dam d'ailleurs, car il regrettait fort semence ainsi perdue sans profit ni jouissance réelle.

Tous les hommes, évidemment, n'ont pas le nez aussi susceptible que ce Picard valeureux, dont j'ai gardé le souvenir. C'est là un paroxysme. Mais, chez la plupart, cependant, qu'ils en aient ou non conscience le parfum particulier de la femme aimée participe fortement à l'éveil des sens. C'est un motif d'irritation qui concourt, avec maints autres qu'il serait trop long de dénombrer ici, à donner à l'individu cette illusion du désir qui marque la nécessité inéluctable pour l'homme de continuer l'homme.

La sensation sexuelle, donc, peut être difficilement séparée de toute manifestation olfactive, et je me rappelle cet autre fait typique d'un enfant qui tombait en convulsions rien qu'à sentir sa main après avoir touché son aiguillette. Ce fait, m'a affirmé un savant médecin, ne serait point isolé, et serait fréquent surtout chez les filles nubiles des couvents qui se grisent de leur propre parfum. Pauvres filles qu'un mâle orgueilleux guérirait tôt de leurs stériles agitations !

Un mouchoir tombé du giron de la femme adorée et voici aussitôt l'homme le plus grave, plongé dans un rêve voluptueux. Et cependant, n'oublions pas l'infirmité de notre odorat, sens obscur et nullement cultivé ! Que serait-ce si...

Cette influence des parfums sur l'amour, indéniable pour l'homme, ne l'est pas moins pour les animaux. Pour ne parler que de ceux sur lesquels la remarque fut le plus souvent faite, nul n'ignore à quel point la senteur forte et malodorante d'un bouc trouble les chèvres qui passent à l'entour de son pacage. Ces femelles, déjà capricieuses en temps habituel, deviennent quasi folles à éprouver cette senteur, qui, sans doute, évoque en elles un puissant instinct de volupté. Aussi, est-ce à bon droit que le bouc est considéré, depuis les temps les plus anciens, comme le Dieu de la salacité, salacité qui s'égale et se mesure à sa puanteur.

Chez les chiens, notre compagnon domestique le mieux connu et le plus facile à observer, il est notoire que la femelle en chasse dégage une odeur particulière dont les mâles prennent connaissance avec le nez en un endroit qui est pourtant l'opposé du visage. Cette odeur les excite à un tel degré que de farouches combats divisent souvent les concurrents, et c'est le plus fort qui reçoit la palme du plaisir et du parfum.

Même chose, chez les chats que

le parfum si tenace dégagé par l'urine des femelles amoureuses plonge en de bruyants et extravagants transports. De plus, chez ces animaux que leur égoïsme nonchalant, leur coquetterie rendent chers aux femmes qui peuvent se mirer comme en une glace dans leurs prunelles obliques, les parfums, quels qu'ils soient, déchaînent le sentiment amoureux. Le mien chat, dont j'ai plus haut dit la finesse quant aux poisons, je l'ai vu se rouler, pousser des cris sur un pied de valériane poussé par hasard dans mon jardin, qu'en dernier lieu, il compissa abondamment. Ainsi, dans leurs manifestations sexuelles, les animaux, comme les hommes, ne peuvent se défendre de témoignages bruyants du plaisir éprouvé. L'amour, ce divin mensonge, est rarement muet. Il rend la voix des coqs provocante, comme si vraiment il y avait lieu de tirer quelque fierté d'un acte aussi facile !

Par un de mes amis qui étudie

depuis longtemps les secrets de la vie des herbes, je me suis laissé dire que le parfum des plantes, que nous sommes habitués à ne considérer que sous le jour de notre seul agrément, joue un rôle prépondérant dans leur fécondation. Les bourdons, les abeilles, en effet, et les autres insectes qui voltigent de fleurs en fleurs et sont attirés dans leur calice par le parfum pénétrant qu'elles exhalent et rayonnent tout à l'entour dans l'air, transportent les éléments mâles qui déposés sur les éléments femelles, assurent la formation des graines et du fruit.

Ainsi donc, qu'il s'agisse de l'homme, des animaux ou des végétaux, partout, l'harmonie établie dans la nature et qui en régit les lois réserve aux parfums un rôle de provocation et en fait une des causes permanentes qui maintiennent les voies éternelles de la vie (1).

Mais, jusqu'ici précisément, les

(1) *Vitæ vias æternas.*

faits que nous avons cités relèvent de l'ordre naturel : ce sont ceux qui s'imposent inéluctablement à l'homme et pour la naissance desquels sa responsabilité n'est pas engagée. Etreint, à l'égal des animaux et des plantes, par les lois qui assurent sa perpétuité, il obéit. Il ne dépend point de lui que le parfum d'une femme affole ses sens. Il subit, sans la vouloir, l'influence. Il est dans l'humble attitude de l'esclave devant son maître. Mais son orgueil se rebelle et voici intervenir l'*artifice* (1).

— L'artifice, c'est-à-dire la déformation qui constitue avec la pensée inspiratrice, la seule valeur vraiment propre à l'esprit humain ; l'artifice qui l'élève au-dessus de la nature et l'arrache aux lois oppressives qui le maintenaient en servage ; l'artifice que certains, bons à brouter de l'herbe, méprisent comme si ce n'était pas là l'unique revanche de l'homme sur la

(1) *Ars.*

création ; l'artifice que d'autres dénomment contre nature, comme si tout n'était pas dans la nature, à telle enseigne, les chiens qui, sans perversité, et à titre de jeu seulement sans doute, pratiquent les modes amoureuses de Sodome ; l'artifice... mais, laissons là cette digression.

L'homme asservi à la tâche de se reproduire sans cesse et, trouvant dans les parfums une des chaînes de cette servitude nécessaire, a voulu, du moins, perfectionner la chaine et le lien imposés et, pour son seul plaisir, associa l'idée de parfum à l'idée de volupté. Je dois dire que, seuls, des êtres d'élite conçoivent bien cette association. En effet, comme nous l'avons établi, l'odorat est un des points les plus faibles de notre sensibilité et, chez peu, devient une occasion de raffinements.

D'après le goût plus ou moins accusé que professent les gens pour les parfums, il peut être aisément jugé de leur caractère et du degré de recherche voluptueuse dont ils sont susceptibles.

Il est fort rare, pour ne pas dire impossible qu'une personne sensible et portée aux actes de l'amour le plus libre, reste indifférente à la griserie des odeurs qu'elle recherchera, de préférence, fortes, tenaces et énervantes.

Une honnête dame, lisez une créature bonnasse, incapable de sentir les feux d'une forte passion ou d'éprouver les joies d'une vive licence, et préoccupée surtout de soins ménagers, une femme, enfin, honnête parce que venue au monde sans ardeur, n'aimera que les parfums appelés discrets ; encore ne les fera-t-elle figurer, avec mesure et parcimonie dans sa toilette, que les jours de fête et seulement pour imiter telle ou telle amie de nez plus fin et plus exigeant.

Certains n'aiment point du tout les parfums, et de ceux-là, tu peux dire, sans te tromper, qu'ils sont dénués de sensibilité, et incapables de goûter la beauté des choses. Ils te diront, il est vrai, pour leur défense, qu'ils n'apprécient que les odeurs de la nature et que musc et pomandre sont un dérèglement des sens. Mais fous et nez bouchés, tout est dans la nature et rien que dans la nature, je l'ai écrit déjà.

Au reste, la distinction entre les les odeurs naturelles et les odeurs artificielles ne résiste point à l'examen. C'est même un fait acquis que les odeurs dites naturelles sont les plus violentes.

Quoi de plus fort que la senteur d'une femme rousse, que l'odeur de foins coupés séchant au soleil ou de la paille chaude entassée dans les granges, que celle encore qui s'exhale de la terre mouillée après l'orage ou du sous-bois quand chênes, fougères, mousses, champignons mêlent leurs fragrances, que l'aigreur des pommes ou des coings fermentant dans le cellier, que le parfum, enfin, des menthes et de l'eau même quand le soleil se couche au bord de l'étang et que le crépuscule fait s'exhaler les lourdes respirations de la vase putride ?

Ainsi, d'après le goût que chacun professe pour les parfums, il est possible de pénétrer les traits des caractères, et ceci n'est point chose négligeable étant donné la pauvreté des éléments dont nous disposons pour juger nos semblables.

Au reste, il ne conviendrait pas que le jugement ainsi porté fût absolu et sans appel. Il n'est rien de définitif dans la vie, à part la sottise. J'ai connu une jeune fille qui, longtemps, demeura insensible au charme des parfums quels qu'ils fussent, doux ou violents. Même, je l'en blâmai souvent, raillant et plaignant son insensibilité. Un jour, cependant, je fis une visite à sa mère et fus tout surpris de m'apercevoir que l'insensible fleurait bon la verveine (1). Ce mystère me fut tôt expliqué, lorsque j'appris qu'elle était, depuis peu, amou-

(1) *Verbena.*

reuse d'un charmant cavalier. L'amour avait ouvert le nez de l'insensible, en attendant qu'il l'adornât d'une autre ouverture plus délectable encore.

Ce fait est curieux et mérite d'être médité. Les chèvres, tout à l'heure, devenaient amoureuses pour avoir senti l'odeur du bouc: le parfum engendrait l'amour ou du moins le provoquait. Dans le cas de la jeune fille, au contraire, l'amour fait naître le goût des parfums. Il y a ainsi, perpétuellement, du dehors au dedans et du dedans au dehors, un échange d'influences, de projections de sujet à objet qui compliquent étrangement le problème de l'être. Et qui sait, l'être n'est peut-être que dans cette relation continuelle, de même que le discours n'existe que par la question et la réponse, et l'Univers n'est qu'une vaste dialectique (1).

Quoiqu'il en soit, l'action des parfums ne doit pas s'exercer seu-

(1) Cf. Hegel.

lement dans le domaine de la sensibilité. Il doit en être des parfums comme des couleurs, dont certaines, comme le bleu, incitent au rêve, à la mélancolie, d'autres, comme le rouge, à la colère, à l'action. Telle couleur dispose à voir la vie joyeuse et gaie. Tel parfum devra, par correspondance, disposer à *la sentir* telle. Ce ne sont là, au reste qu'hypothèses. A d'autres de les vérifier, en n'oubliant point, d'ailleurs, qu'elles ne vaudront jamais que pour les individus eu égard à la différence de leurs tempéraments propres.

Et, à ce propos, je me souviens du mot d'un enfant qui me frappa fort jadis, d'un enfant qui dit, un jour, à son grand'père, un vieillard : « Tu sens la mort . » Et pourquoi, en effet, la mort proche n'exhalerait-elle point son souffle, perceptible par de fines sensibilités, point usées par la vie, comme celle de l'enfant si voisine de l'instinct animal?

Les parfums, en excitant les sens

de l'homme le poussent à pratiquer l'acte sexuel et à continuer ainsi l'espèce. Mais, ce n'est pas tout de continuer l'espèce. Il faut, préalablement assurer la vie de l'individu procréateur, et, pour vivre, l'homme doit manger. Cette constatation, à vrai dire, nous éloigne du divin. Est-elle négligeable pour cela ? Un âge ne vient-il pas où un bon rot et un vieux vin apparaissent comme aussi délectables que le baiser de la plus belle catin? Les deux ou mieux les trois, peuvent, il est vrai, au mieux se concilier.

L'homme donc pour maintenir l'ensemble des fonctions qui constituent la vie doit manger et boire. Et, ici encore, les parfums jouent un rôle prépondérant. Sans une saveur particulière que le nez perçoit en même temps que le goût, — car le goût et l'odorat sont sens fort voisins et étroitement connexes, — l'homme n'aurait aucun appétit. La pire chose qu'il puisse dire d'un aliment c'est qu'il est fade et « ne sent rien » (1). L'homme civilisé cependant n'aime pas les nourritures fortes. Il mange, néanmoins, le fromage, qui n'est que du laitage fermenté, le gibier macéré et passé. L'odeur d'un bon vin, le fumet d'un rôti dilatent ses narines en même temps qu'ils préparent son estomac. L'histoire même de ce garçon — un poète vraisemblablement, — est célèbre qui se nourrissait à sentir les exhalaisons savoureuses d'une rôtisserie, preuve excellente du rôle nourricier des illusions dans la vie. Les épices, dont il est fait grand abus depuis quelque temps, plaisent au nez au moins autant qu'à la bouche et je ne sais plus quel médicastre conseillait à un vieillard débilité par l'âge de boire du vin parfumé de safran et de castoreum.

Chez les fauves, voire même chez les animaux domestiques, une odeur forte n'exclut pas le goût des aliments, au contraire. Un chien

(1) En français dans le texte.

lâchera volontiers de la viande fraîche pour un quartier de charogne, et viendra ensuite lècher la main délicate de sa maîtresse.

Un pêcheur, enfin, m'a affirmé que telles odeurs fortes comme celles de l'anis ou de l'absinthe mélangées savamment aux appâts, facilitaient la capture des carpes qu'il pêche dans l'étang de Rueil (1). Ce sont là, dites-vous, considérations bien matérielles. Elles ont leur importance pourtant, puisque, jusqu'à ce jour, il a fallu manger pour vivre. Et puis, sans prétention comme sans vaine modestie d'ailleurs, je prétends épuiser mon sujet et ne dois rien négliger. Aussi bien, ce serait une étrange folie que de vouloir raisonner sur la vie, sans avoir égard aux fonctions journalières qui en sont la trame. On ne saurait à bon droit séparer le caractère d'un individu de sa conformation physique qui en est la base et l'explication, puisque

(1) Sans doute l'étang de Saint-Cucufa.

sans elle, il ne serait point ce qu'il est. Toutes les choses de l'esprit, encore que l'esprit domine, doivent se ramener au corps et ce n'est pas une herésie que d'avancer que le ventre explique bien des choses, vices ou vertus.

Puis, il n'est pas de petite cause qui ne soit susceptible de produire de grands effets. Les prêtres qui ont pour charge en ce monde de faire aimer Dieu n'hésitent point à faire monter sous les voûtes des Eglises les vapeurs de l'encens. Quel but poursuivent-ils en pratiquant cette coutume qui date des autels de Baal et de Moloch ? Sans doute, pensent-ils que les parfums, comme les chants liturgiques, impressionnent agréablement la sensibilité, et c'est la sensibilité qui croit, aime et prie et non pas la raison.

Les parfums, dans le concert de la Nature, jouent donc un rôle considérable. Ils poussent l'homme à se perpétuer, à conserver sa vie, à prier Dieu. Et qui sait, si je n'oublie rien à cet égard ! Hélas ! j'eusse voulu consacrer mon existence à perfectionner cette étude. J'estime que rien n'est plus intéressant que les odeurs et leur action sur l'homme dans la nature. Je sais : cette vue est peut-être étroite. La chose qu'on aime par dessus tout a tôt fait d'envahir l'horizon et de faire oublier qu'il est d'*autres choses*. Je confesse ma folie. Amoureux des parfums, je les chéris peut-être trop. Qu'importe ! Ce faisant je distrais mon esprit. Qui pourrait me le reprocher ?

Quand je commençai de tracer ces lignes, je méditais une grande œuvre d'art et de science à la fois. J'eusse montré le culte des parfums chez les peuples les plus reculés, leur histoire et les mille secrets dont dépend leur existence. C'était trop d'ambition et j'ai dû me borner.

Personne peut-être ne s'en plaindra. Du moins, je serai satisfait si je peux, à qui me lira, communiquer un peu de mon penchant pour la connaissance des odeurs. Cette connaissance est, à l'heure actuelle encore, si misérable et si pauvre que l'homme n'en saurait tirer la moindre fierté. Ce champ en jachère a séduit ma curiosité. J'ai soulevé quelques mottes de terre dure, défriché quelques arpents. Que d'autres, plus vaillants, plus subtils et savants aussi, m'imitent : O la belle moisson qu'ils verront se dresser à la lumière des jours à venir !

Que de gens se promènent dans la vie ne voyant, n'entendant, ne sentant que ce qu'ils ne peuvent pas ne pas voir, ne pas entendre, ne pas sentir. On dirait qu'une cire compacte scelle leurs yeux, bouche leurs oreilles, leurs narines. Je les plains.

L'homme ne vaut que par la connaissance sans cesse plus profonde, plus réelle qu'il prend de lui-même à travers ses sensations. Sentir plus, sentir toujours davantage, quel noble but ! Verser son âme dans ses sens émus et attentifs voilà ce que doit tenter à tout moment le poète, je veux dire, le créateur. Aussi bien, quelle noble et magique récompense !

L'univers, réputé chose inerte, chaos inorganique, ou bien, pour certains, océan de forces mauvaises et contradictoires, l'Univers voici soudain qu'il s'anime, et le parfum des choses, qu'est-ce donc, ami, si non *leur voix ?* Voix profonde, voix mystérieuse dont les ondes nous pénètrent à certaines heures plus avant que n'importe quelles. Voix changeante et diverse qui varie avec les mouvements innombrables de l'âme du Monde. La forêt mouillée chante un hymne de volupté, de vie chaude et ardente qui fait nos narines se dilater autant qu'à l'approche de la femme désirée. La voix de la Mer manifestée par son parfum se fait tour à tour âcre, subtile et caressante donnant ainsi la mesure de l'agitation de ses flots. La rose ne dit pas ce que dit le jasmin et l'odeur des grands chênes est une autre parole. Les lèvres de la blonde que j'aime sentent la framboise quand je les mords : ce parfum est le plus doux mot d'amour...

TABLE DES MATIÈRES

LA ROCHELLE, IMPRIMERIE NOUVELLE NOEL TEXIER

www.ingramcontent.com/pod-product-compliance
Ingram Content Group UK Ltd.
Pitfield, Milton Keynes, MK11 3LW, UK
UKHW021624260726
13994UKWH00003B/1057